CB080034

MOTIVOS PARA SORRIR

Tudo e mais um pouco sobre
a família mais divertida do YouTube

Diretora
Rosely Boschini

Gerente Editorial
Marília Chaves

Assistentes Editoriais
César Carvalho e Natália Mori Marques

Editora e Supervisora de Produção Editorial
Rosângela de Araujo Pinheiro Barbosa

Controle de Produção
Karina Groschitz

Preparação
Entrelinhas Editorial

Projeto gráfico e Diagramação
Balão Editorial

Fotos
Arquivo Pessoal, Marcio Freitas

Pôster
Gustavo Ruiz Fernandes

Capa
Thiago de Barros

Copyright © 2016 by Manoela Antelo e Luan Novitt
Todos os direitos desta edição são reservados à Editora Gente.
Rua Pedro Soares de Almeida, 114, São Paulo, SP - CEP 05029-030
Telefone: (11) 3670-2500
Site: http://www.editoragente.com.br
E-mail: gente@editoragente.com.br

Este livro foi impresso pela gráfica
Arvato Bertelsmann em papel offset 90 g.

Dados Internacionais de Catalogação na Publicação (CIP)
Angélica Ilacqua CRB-8/7057

Antelo, Manoela
Motivos para sorrir: tudo e mais um pouco sobre a família mais divertida do YouTube / Manoela Antelo e Luan Novitt. – São Paulo: Única, 2016.
128 p. : color.

ISBN 978-85-67028-92-7

1. Autobiografia 2. Internet - Vídeos 3. Vlogs (Internet) 4. YouTube (Recurso eletrônico) 5. Entretenimento I. Título II. Novitt, Luan

16-0455 CDD 920

Índices para catálogo sistemático:
1. Autobiografia 920

MANOELA ANTELO
E LUAN NOVITT

MOTIVOS PARA SORRIR

Tudo e mais um pouco sobre
a família mais divertida do YouTube

ÚNICA
editora

ESTE LIVRO É DEDICADO A

VOCÊ.

OBRIGADO POR ESTAR AO NOSSO LADO.

Antes de tudo, queremos agradecer a Deus, que está em todo lugar e em primeiro lugar.

À nossa família, que é um dos temas principais deste livro, e sempre foi a nossa base – tanto como seres humanos quanto como artistas –, nosso obrigado por nos apoiar desde o primeiro vídeo do canal. Aos nossos amigos queridos, que estão conosco nos momentos bons e ruins, vocês sabem quem são.

Aos fã-clubes que nos enchem de mensagens de carinho.

Aos seguidores que sempre nos apoiaram e nos deram amor – e que hoje são leitores –, seus comentários e e-mails nos dão novas ideias e servem de incentivo para continuarmos produzindo vídeos. Adoramos ler cada coisa que vocês mandam.

Luan e Manoela
(e toda a família Antelo <3)

ATENÇÃO

ESTE LIVRO

É SOBRE

SORRISOS.

O QUE SIGNIFICA

QUE VAMOS

FALAR SOBRE...

AMIZADE

FAMÍLIA

DIVERSÃO

AMOR

HUMOR

RISADAS

ALEGRIA

VALORES

UNIÃO

RESPEITO

ESTILO

CRESCIMENTO

POR QUÊ

Se pensarmos bem, o que não falta é motivo para sorrir. É possível encontrar a felicidade até nas coisas mais simples do dia a dia – e, honestamente, são nelas que estão as nossas maiores alegrias: aquele bolo da tarde ao lado dos amigos, o almoço em família, a piscina em um dia de sol. E é melhor ainda quando fazemos isso ao lado de quem amamos, aquelas pessoas que estão conosco em qualquer momento, que topam qualquer coisa que propomos e que também estão sempre dispostas a nos ajudar. Não há felicidade como a de estar cercado de quem nos ama e nos conhece por completo, em nossas mais diversas versões: mais jovens, mais sérios, menos sérios, de férias, completamente doidos de tanto trabalhar. Essas pessoas – tão responsáveis pelos nossos sorrisos diários – são as testemunhas mais confiáveis de quem nós somos.

E quando falamos em sorrisos, não podemos deixar de mencionar a alegria de ter um melhor amigo. Se você tem um melhor amigo, como nós temos um ao outro, sabe que não há motivo melhor para sorrir do que estar simplesmente ao lado dessa pessoa. Ele pode não conseguir impedir você de fazer algo errado, mas com certeza estará lá para ajudar depois que aconteceu exatamente o que ele disse que aconteceria.

VOCÊ SORRI?

Nós somos melhores amigos que despertam felicidade um no outro. Muito antes de ser a dupla do canal da Manoela Antelo, muito antes de virarmos youtubers, somos tio e sobrinha e melhores amigos. Na verdade, somos tão parecidos que muitas vezes é difícil saber quem influencia quem, quem está ajudando quem. Quando a Manu nasceu, eu tinha 18 anos, e desde o primeiro sorriso dela eu me apaixonei. Nascia uma história que até hoje só cresce. Eu na vida da Manu sou mais do que um tio, sou o Bibi, o Biri, e cada semana tem um apelido novo para mim - alguém que não é exatamente como os pais (para quem muitas vezes a gente tem medo de contar as coisas), mas um irmão mais velho, um apoio, alguém em quem ela sempre pode confiar.

Nós sempre nos entendemos, sempre conseguimos conversar e trocar ideias e experiências. Melhor amigo no nosso estilo é aquela pessoa que faz você rir até quando o papo é chato, que te ajuda a entender quando você precisa tomar uma grande decisão na vida e está ali na linha de chegada para ver você terminar qualquer corrida.

É isso que nós somos, e é isso que dividimos com nossos seguidores nos canais Manoela Antelo, Luan Novitt e Vida de Casal. Nossa amizade, nossa família, tudo aquilo que nós somos está aberto para nossos seguidores – que também são nossos grandes amigos e responsáveis pelos nossos sorrisos diários com suas mensagens de amor e carinho. E hoje queremos convidar vocês para o nosso mundo. Um mundo verde-água, um mundo de música, de risada, de amor e de apoio.

Vamos?

Luan e Manoela

MOTIVO 1

AMIGO OU COLEGA?

Amigos são pessoas que trazem sorrisos para o nosso dia a dia. Aposto que você vai sorrir só de pensar em um grande amigo e na última memória que tem dele. Esse é o efeito que eles têm na nossa vida. Mas você já parou para pensar que existe diferença entre amigo e colega?

COLEGA	AMIGO
Você mostra uma foto sua e ele diz que gostou, que está boa.	Você mostra uma foto sua e ele não hesita em ser sincero – se acha que a foto está ruim, ele acaba com ela! Sem contar que ainda por cima fica bisbilhotando as mensagens que você recebe no celular.
Vocês marcam algum compromisso, mas você fica cansado e acaba dormindo. Sua mãe recebe seu colega e diz que é melhor marcar para outro dia. Ele fica chateado, mas vai embora.	Vocês marcam algum compromisso, mas você fica cansado e acaba dormindo. Sua mãe recebe seu amigo e ele já chega abraçando, entrando na casa, pegando comida. Sua mãe deixa seu amigo acordar você. Ele não fica com peso na consciência por te acordar.
Seu colega tropeça e cai. Você pergunta se está tudo bem, se precisa de ajuda, liga para a mãe dele.	Seu amigo tropeça e cai. Você ri da cara dele, filma o cara no chão, manda para todos os amigos em comum.
Seu colega liga e diz que está doente. Ele pede para você levar um remédio, pois está sozinho em casa e não pode sair para buscar. Você sugere que ele peça para a farmácia entregar, pois você tem compromisso.	Seu amigo nem precisa pedir para você ir cuidar dele em casa – você já está sempre por perto mesmo, então já percebe que ele está ficando doente antes mesmo de ele precisar falar.

Motivo 2

Espalhando sorrisos no YouTube

Tudo começou quando eu ganhei a casa da Barbie aos 7 anos, e a conta da minha mãe no YouTube já existia, mas ela nunca havia postado vídeos. Naquele natal, eu ainda acreditava em Papai Noel, e minha mãe, a Vênus, decidiu fazer uma surpresa. Foi o nosso primeiro natal na casa em que moramos hoje, e a minha mãe fez um superesforço para conseguir comprar a casa da Barbie com a qual eu sonhava havia meses.

A "Operação Casa da Barbie" foi algo que precisou da família inteira. Tudo começou com a vó Dolly, que pediu para sua amiga, a tia Inês, que trabalha com turismo, ver a possibilidade de alguém que estivesse lá nos Estados Unidos trazer a casa de lá, para conseguir comprar mais barato do que no Brasil. Então a tia Inês pediu a uma amiga (que nem tivemos a oportunidade de conhecer) que trouxesse. A caixa era imensa e deu bastante trabalho! Mesmo mais barata que aqui no Brasil, a casa ainda era muito cara! Como minha mãe não teria condições de comprar sozinha, o Fernando (meu padrasto) e a vó Dolly também ajudaram.

O esquema estava armado! Fingiram até que era o Papai Noel que batia na porta para me dar a casinha, e eu amei! A minha mãe gravou o vídeo do celular do Fernando. Esse vídeo não tinha nem a intenção de iniciar um canal, era só para poder registrar aquele momento, passar para a família e para os amigos.

Depois disso, fizemos um clipe do Justin Bieber, da música "One Time" – já deu para ver que o Biri era meu parceiro de qualquer aventura, não é mesmo? O clipe ficou superbonitinho e eu me diverti muito ao fazer, mas, de novo, foi uma postagem só para compartilhar com amigos e conhecidos, não imaginávamos que dali sairia um canal do tamanho do Manoela Antelo![1]

1. O clipe do Justin Bieber está disponível em: <https://www.youtube.com/watch?v=3PloxCbUIvo>.

Aí, seis meses depois, em junho, o Biri estava chegando em casa e me ouviu falando com a minha mãe e minha avó que eu queria muito um Furby. Ele estava chegando do trabalho e, vendo a minha animação, disse: "Tudo bem, vamos lá no shopping que eu compro pra você".

Quase engasguei na hora! Porque, antes que pareça que eu ganho tudo o que quero, vou dizer que na minha família é muito difícil ganhar um presente sem ser uma data especial. Minha mãe na hora foi contra, porque o brinquedo era caro e não havia motivo para me presentear daquele jeito. Mas ele disse que ia comprar, daria um jeito com o dinheiro e que só daquela vez ia ser assim. Eu nem preciso dizer como fiquei, né? Quando estávamos saindo, tivemos a ideia de fazer um vídeo, mas o celular do Biri estava sem bateria. Dessa vez ninguém ia filmar, mas a vó Dolly entregou o celular dela para que eu filmasse aquele momento tão doido e ao mesmo tempo tão feliz! Na verdade, fiquei tão feliz que até soltei uma pérola falando que aquele Furby, pra mim, era muuuito realisoso! Pode anotar aí no dicionário da Manoela:

REALISOSO.
Pronome de felicidade:
algo que é uma verdadeira realização
de conseguir.

Depois de um tempo... os views explodiram. O vídeo do Furby hoje já tem milhões de visualizações. Continuamos fazendo mais vídeos, variando sempre entre vlogs e vídeos de humor, de desafios e das famosas idiotices, sempre foi um momento de diversão entre nós. E também fizemos muitos vídeos de rotinas, curtindo passeios com a família, indo à praia. O canal sempre foi uma expressão de tudo o que somos e fazemos, da nossa família e da rotina. Quando você, seguidor (e agora leitor <3), me fala dos sorrisos que proporcionei, fico encantada e emocionada, pois essa é uma das minhas maiores motivações: causar sorrisos sinceros de alegria.

Manoela

CONTE AQUI QUAL É O SEU VÍDEO PREFERIDO DO CANAL MANOELA ANTELO: ____________________

MOTIVO 3

FAMÍLIA É TUDO

O amor, a criação, tudo vem da família!

Família é sinônimo de alegria, companheirismo, segurança de que podemos contar com o outro, não importa o que aconteça. O convívio com a minha família é algo que eu valorizo muito! Sempre gostei de ficar perto dos adultos, de conversar, aproveitar a companhia, comer à mesa com todo mundo interagindo... curtir a vida ao lado deles. Para mim, não é preciso grandes eventos, o importante é que todos estejam reunidos e felizes por estarem juntos. Se fosse escolher uma palavra-chave para descrever minha família, eu ficaria com *união*. É a palavra que mais combina com o que somos, acima de tudo: uma família unida.

Quando a família é próxima, você se sente acolhido, gosta da própria rotina e de ter todos por perto. Por trás de nossos canais do YouTube, por exemplo, é todo mundo sempre unido. Minha mãe, o Biri e vó Dolly administram comentários e contatos com seguidores. Cada demonstração de carinho é compartilhada com a família inteira e vira motivo de comemoração – e se você já se perguntou se nós vemos o que você escreveu, a resposta é: sim, nós lemos TUDO!

Manoela

NÃO
TERÍAMOS
SORRISOS
SEM ELA

Vó Dolly, Manoela, Vênus, Miguel, Fernando, Paola e Luan

Para mim, é a família a quem você mais deve se apegar, tanto em momentos felizes como tristes. Os momentos felizes vocês compartilham, então o sentimento triplica. Suas conquistas ficam ainda melhores, pois sua família também fica feliz por elas e por você. Já com os momentos tristes vocês lidam juntos, tentam resolver.

Família é a base de tudo. Imagine um prédio grande, bonito. Qual é a parte mais importante? É o alicerce, a base. Sem isso, o prédio não se sustenta, ele cede. O alicerce está ali justamente para garantir que o prédio permaneça em pé. A família para uma pessoa é o que o alicerce é para o prédio: a base!

É bom estar sempre em família, com quem te apoia. E família é isto mesmo: quem está do nosso lado. Pode ser seus pais ou só sua avó, como pode ser também seu cachorro. Eu, por exemplo, passo o dia inteiro com meu cachorro. Com o tempo, ele virou parte da minha família. Sua família é você quem faz, é muito mais do que laços de sangue. São laços afetivos, de amor, de apoio. É quem suporta, dá forças, você confia. É claro que existem famílias de sangue que não se apoiam, são frias, não abraçam, mas esse não é o nosso caso. A nossa família eu sei que vai estar sempre ali pra ajudar.

Luan

Luan no colo do pai Ivan Novitt e Vênus abraçada na mãe Lena

MOTIVO 4

O SORRISO MAIS SINCERO: IRMÃO MAIS NOVO

Eu adorava ser a irmã mais velha, eu me achava por causa disso! Por mais que tivesse algumas partes chatas, sempre acabava tendo alguma coisa boa para compensar. Por exemplo, eu achava superchato ter que ensinar o dever de casa para o Luan. A parte legal era que ele mesmo admitia aprender melhor quando eu estava junto – isso me enchia de orgulho! Aliás, ele nunca parou de me orgulhar, fico muito feliz em ver a pessoa que ele se tornou.

Uma coisa engraçada é que nós temos quatro anos de diferença, então quando brigávamos eu segurava o Luan pelo cabelo, para que ele não conseguisse me bater. Até hoje isso é assunto na família!

Vênus

Eu sempre sonhei em ter um irmão mais novo. No vídeo da tag "20 coisas favoritas" eu falo sobre isso. O Miguel ainda é pequeno, então é legal que, além da amizade entre irmãos que estamos construindo, eu posso ajudar a minha mãe a cuidar dele. Ela diz que eu fiquei mais responsável com a chegada do Miguel, não teve nenhum problema de ciúme. Uma das partes mais legais é quando ele aprende alguma coisa comigo, eu fico igual a minha mãe quando ensinava algo para o Biri: cheia de orgulho! Aliás, a primeira palavra que ele falou foi "Manoela" – até foi para o canal que a minha mãe tem e no qual posta vídeos curtinhos do Miguel, o Vênus Antelo. No vídeo "Primeira palavrinha do Miguel", ele está tentando falar e no final sai um "ÉA!". Ter um irmão mais novo tem sido uma experiência ainda mais incrível do que eu já esperava, é muito bom acompanhar o crescimento dele tão de perto – é realmente um sonho se tornando realidade.

Manoela

Na foto da esquerda, Manoela e Miguel. Na foto da direita, Vênus e Luan.

MOTIVO 5

FAMÍLIA

Quem acompanha o canal sabe que nós somos uma família muito unida e ainda acaba conhecendo outros personagens famosos como a vó Dolly, a minha mãe Vênus e o meu irmãozinho, o Miguel. E como toda família, nós muitas vezes discordamos.

Eu e a minha mãe somos muito parecidas, mas muito mesmo! Duas librianas muito indecisas e ao mesmo tempo com muita opinião, então tudo pode virar uma discussão. Escolher a capa dos vídeos, títulos, roupas... Mas uma coisa é certa: por mais que a gente se desentenda, antes de dormir damos um beijo, nos abraçamos, e isso vale para a família toda. Se hoje temos um problema, no dia seguinte já estamos juntos, porque não aguentamos ficar sem nos falar! A gente se encontra mesmo depois de brigar, e é como se nada tivesse acontecido. No dia seguinte vai todo mundo almoçar junto, comenta da novela, se fala pelo WhatsApp. Não tem briga séria que dure dias em nossa família, ninguém fica sem se falar, porque acreditamos que é juntos que vamos resolver qualquer problema e não separados.

E ainda tem uma coisa que chega a ser engraçada: todo mundo dá satisfação de tudo que faz para a vó Dolly. Ai de qualquer um de nós se postar nas redes sociais que foi fazer algo sem contar para ela antes! É uma questão de respeito com os mais velhos e de carinho, que faz parte de nossos valores.

TAMBÉM DISCORDA

Os valores que pregamos:

- **UNIÃO**, queremos sempre estar juntos!

- **RESPEITO**, principalmente o respeito aos mais velhos.

- **COMPARTILHAMENTO**, tudo queremos contar, mesmo antes de dar certo, a gente quer viver isso um com o outro.

- **VERDADE E SINCERIDADE**, acima de tudo. É melhor uma verdade que decepcione do que uma mentira com a qual você não consegue dormir por ter que conviver com aquilo. Com a sua família você tem que ser verdadeiro e sincero, pois são as pessoas que te amam e apoiam.

Já vivi situações na escola em que, se você não faz o dever, leva um bilhete para casa. Já vi muita gente mentindo que fez, inventando histórias. Isso me deixa para morrer. Porque eu sei que vai dar errado! A mentira sempre dá errado, em algum momento ela vai ser descoberta. Por isso que eu sou tão transparente que o Biri até me chama de "sem filtro".

Manoela

MOTIVO 6

O MAIOR SORRISO DE TODOS: AMOR DE VÓ

Vó Dolly, como eu sempre te chamei. Esse foi o apelido que eu dei para você há muito tempo, tanto tempo que eu mesma não lembro mais como pensei nele. Eu sempre fiquei muito com você e nós fomos nos tornando cada vez mais amigas e companheiras. Você é uma pessoa muito pura, de coração bom, que esbanja sentimentos por onde passa. Com seu jeito divertido, conquista todo mundo, por todos os lugares. Você não é a avozinha que todo mundo imagina, aquela que fica sentada fazendo tricô enquanto vê novela. Você é a avó moderna, que dança, dá risada e sabe usar as novas tecnologias – inclusive me ajuda muito com o canal e as redes sociais. Você está sempre por dentro de tudo! Não tenho palavras para te descrever, foi sempre assim que eu falei de você para todo mundo. A minha mãe até tem ciúme de tanto que eu quero ficar com você, de tanto que nós duas somos grudadas uma na outra. Você sempre me mostra o lado bom das coisas, faz com que a gente sinta aquela sensação boa de estar com alguém positivo do nosso lado, passa uma segurança que poucas pessoas conseguem dar. E além de tudo isso você sabe traduzir nossos sentimentos em palavras, e qualquer situação fica mais fácil quando você está junto. Te amo muito!

Manoela

Você é muito intensa: para as coisas boas ou ruins, para as simples ou complexas, não existe nada pela metade com você, tudo é por inteiro e no volume máximo. Você chora até com comercial de margarina. Adoro esse seu jeito de achar que eu vou ser sempre o seu bebê. Mesmo agora que já tenho 28 anos, se eu pedir para você cortar meu bife, você faz com o maior amor. E, falando nisso, você é a única pessoa que sabe fazer a minha comida favorita, meu frango desfiado com farofa. Só você sabe colocar o feijão com a farofa do jeito que eu gosto! Aliás, pode começar a fazer que estou com saudade.

Você é minha "pãe" desde que perdemos o nosso querido Novitt – nome artístico do meu pai, que eu uso para fazer uma homenagem a ele. Você soube preencher todo o espaço que ficou sem deixar a bola cair, sem nunca deixar faltar qualquer coisa – comida, conforto, amor... Você até teve comigo aqueles papos que seriam "de homem", pois quando meu pai morreu eu tinha apenas 13 anos.

Eu sei que a nossa felicidade é o seu motivo para viver. Eu sei que você vive para nós e para fazer a nossa família feliz, sempre vibrando pelas nossas conquistas, nos apoiando. Você é a nossa luz.

Luan

MOTIVO 7

CONTA PARA A GENTE SOBRE A SUA AVÓ?

AS TRÊS COISAS QUE VOCÊ MAIS GOSTA NELA

COLE UMA FOTO OU FAÇA UM DESENHO DA SUA AVÓ

MOTIVO 8

E A SUA FAMÍLIA?

VOCÊ TEM ALGUMA HISTÓRIA LEGAL QUE SEUS PAIS CONTAM? E SEUS AVÓS? QUAIS FORAM AS AVENTURAS DELES? ENTREVISTE ALGUMA PESSOA MAIS VELHA E DESCUBRA SE EXISTE MUITA COISA DA SUA FAMÍLIA QUE VOCÊ NAO SABE!

MOTIVO 9

O QUE VOCÊ NÃO SABE

Eu sei que é difícil imaginar que você não saiba algo sobre mim, porque realmente está quase tudo no canal. Mas tem mais, sim, existe uma Manoela que pouca gente vê. Mas que neste livro quero dividir com você:

Minha mãe conta que fui uma bebê muito arteira. Aliás, tem uma história superengraçada que envolve uma pessoa muito importante e querida por toda a família Antelo: a Roseli, ou Zeli, que para mim é simplesmente "I". Quando eu era pequena e todos estavam trabalhando, quem cuidava de mim era a "I". Mesmo que todo mundo soubesse que eu aprontava, muitas vezes só a "I" presenciava meus "melhores momentos", e, quando ela contava para todo mundo, eles custavam a acreditar. Até que um dia ela comprou uma câmera e passou a fotografar todas as minhas artes! Todos nós amamos muito a "I", ela faz parte de nossa família.

Além de arteira, eu também era uma bebê muito feliz. Amava a água... Mas nem sempre esse amor dava certo! Eu jogava TUDO na água, principalmente no vaso sanitário, mas já joguei algumas coisas no potinho de água do cachorro também. Eu gostava de ver a reação da família e ainda chamava todo mundo para ver o que tinha feito.

Nessa mania de água, uma vez coloquei a mochila inteira de um amigo do Biri no vaso sanitário. Ele ficou doido, mas eu ri muito. Aí ele me colocou de cabeça para baixo e fingiu que ia me jogar ali também!

E minhas artes não paravam por aí. Quando era bebê eu mordia todas as minhas chupetas, mas mordia até furar, e depois não queria mais, falava que "tava ruim".

E outra coisa que pouca gente sabe: eu demorei muuuuito para largar da chupeta, foi só com 5 anos. Pode rir de mim se quiser, porque eu também dou risada quando lembro.

SOBRE A MANOELA

Eu não gosto de doce e não bebo refrigerante, mas como aquele prato de ogro quando chego da escola. Adoro arroz, feijão, farofa e o que tiver mais na frente.

Uma vez no Natal, eu era bem pequena, foi a primeira vez que chorei de alegria. Olhei para todo mundo feliz na mesa, as pessoas juntas, as comidas gostosas, e comecei a chorar. Eu tinha entre 4 e 5 anos e minha família no começo se assustou, porque, quando uma criança dessa idade chora, só pode ser algo ruim. Mas eu perguntei para minha mãe se era possível estar muito feliz e começar a chorar. E daí, como seria típico da família Antelo, todo mundo começou a chorar junto porque ficamos emocionados. E foi um momento lindo, eu perguntando se "dá para chorar de alegria?".

Eu sempre tive mais amigos meninos do que meninas (mas eu tenho um monte de amigas meninas, sim!). É que se for analisar, passo mais tempo com os amigos meninos. E o maior exemplo disso é o Biri, que me mata de rir sempre.

Eu já fiz balé por dois anos e também futebol de salão, mas por pouco tempo. Foram experiências legais, mas que não me atraíram o suficiente pra continuar.

No primeiro encontro com os fãs veio tanta gente, mas, tão mais do que esperávamos, que passei mal. Fiquei nervosa com todos os fãs em cima de mim e perdi o ar. Precisei de alguns minutos para me acalmar e voltar, até hoje tomo cuidado com multidões

Eu tenho medo de espírito e fantasma – e só pego no sono com luz acesa!

Meu sonho quando era menor era trabalhar numa sorveteria, e até hoje adoro servir sorvete para todo mundo. É o momento preferido da sobremesa, meu olho brilha de servir o sorvete que eu mesma não gosto de comer.

Só tomo banho se tiver a toalha e a roupa que vou usar no banheiro, nunca me esqueço!

Gosto de ouvir funk com as minhas amigas, a batida é muito legal! Meu pai é roqueiro, minha mãe é roqueira, meu tio é eclético, e a batida do funk me contagia. Quem me apresentou o funk foi o Fernando, para desespero da minha mãe. Ele baixava clipes das músicas e colocava para tocar no carro, foi aí que comecei a gostar! Aliás, adoro ouvir funk no carro e conheço quase tudo – só não gosto de proibidão e minha mãe também não deixa (melhor não mexer com ela, não é mesmo?).

Adoro fazer doce – bolos, pavês, sobremesas, cookies –, mas não gosto de comer doce.

Odeio roupa de estampa de oncinha, nunca consegui encontrar uma peça com essa estampa que ficasse bem em mim.

MOTIVO 10

O QUÊ VOCÊ NÃO SABE SOBRE O

Bom, além do canal da Manoela todo mundo me vê no Luan Novitt TV e no canal Vida de Casal, então foi bem difícil pensar em algo da minha vida que ainda não estivesse compartilhado com os seguidores. Antes de tudo, você já deve ter percebido que sou conhecido por Luan Novitt, ou Bibi, ou Biri ou (insira aqui o próximo apelido que a Manoela inventar), e isso é parte de quem eu sou, acho que não tem como me definir mesmo de um jeito só. Seguem alguns segredinhos que só quem me conhece muito bem sabe! Tem algumas coisas que já saíram no vídeo "50 fatos sobre mim".[2]

2. Veja em: <https://www.youtube.com/watch?v=G-cYiQ17mBw>.

LUAN

Por que eu não assino como Luan Antelo? Meu pai era músico como eu! E eu uso o nome artístico do meu pai, um dia ele ouviu esse nome de um russo e achou engraçado – o nome do meu pai era Ivan, e ele gostou do som de "Ivanovic" (se lê "ivanovitch"). Desde então ele passou a assinar "Ivan Novitt", e tanto eu quanto meu irmão usamos o Novitt como sobrenome artístico em homenagem a ele. Por coincidência Ivanovic também significa "Filho do Ivan".

Eu sempre quis ser artista, quando era criança imitava o Michael Jackson na frente da televisão, me vestia, colocava camisa, casaco e sempre quis trabalhar com arte. Música teatro, humor, comédia. Eu imitava os professores do colégio desde sempre. Minha primeira inspiração era imitar o Tom Cavalcante no *Sai de Baixo*, que eu achava hilário.

Já tive banda de rock por anos com amigos. Eu era o vocalista e já cantei em colégio com quadra lotada, já me apresentei em qualquer lugar que chamassem (qualquer mesmo!).

Quem me assiste já percebeu que adoro tatuagem. Mas o que pouca gente percebe é que minha famosa tatuagem no braço ainda não está terminada! Apesar de estar montando essa tattoo há muito tempo, fazer tatuagem em estúdio confiável é bem caro e eu prefiro esperar ter condições de deixar ela bem bonitinha. Afinal, dura para sempre.

Quando eu tinha uns 8 anos, fiz parte da banda marcial da escola. Para quem não sabe – ou pelo menos não conhece por nome – banda marcial é aquele grupo de músicos instrumentais que sempre aparece nos filmes tocando e fazendo um tipo de marcha, sabem? Eu tocava tarol, um instrumento de percussão que, na minha opinião, era o mais legal!

Eu também fiz capoeira quando criança – como podem perceber, eu era bem ativo naquela época!

Já teve uma época em que tive pessoas ao meu lado que se diziam amigas, mas por trás criticavam meu trabalho no canal. Infelizmente, ainda existe muito preconceito com o trabalho dos youtubers. Hoje, ainda bem, consigo diferenciar quem é amigo de verdade e torce pelo sucesso do canal e quem fala de mim pelas costas.

Só tomo banho quente quase fervendo, mesmo no calor do verão.

Tenho mania de assistir alguma coisa sempre comendo, às vezes acabei de jantar e vou ver uma série, e mesmo assim quero um lanchinho – um biscoito, uma pipoca, um doce.

Ando mais descalço do que com sapato.

Não assisto televisão, não acompanho nenhum programa, só gosto (amo, na verdade) de internet, YouTube e Netflix.

Choro com facilidade, sou a típica manteiga derretida.

Fico enjoado em carro e avião, e para alguém que viaja tanto isso é bem complicado!

MOTIVO 11

MANOELA POR LUAN E LUAN POR MANOELA

MANOELA POR LUAN

- # SENSÍVEL
- # ENGRAÇADA
- # ESPONTÂNEA
- # CARINHOSA
- # VAIDOSA

LUAN POR MANOELA

- # DISTRAÍDO
- # ENGRAÇADO
- # ESTILOSO
- # AMIGO
- # VERDADEIRO

MOTIVO 12

AGORA ENCONTRE ESSAS PALAVRAS NO QUADRO E CIRCULE.

AMIZADE FAMÍLIA
RISADAS
ESPONTÂNEA MODELO
HUMOR SELFIE VALORES
ENGRAÇADO
AMIGO
VAIDOSA MANOELA
CARINHOSA SENSÍVEL
ALEGRIA VIDA
VERDADEIRO
ESTILOSO
CARISMA RESPEITO
DISTRAÍDO CANAL LUAN
CRESCIMENTO CASAL
AMOR ENGRAÇADA MESA

MOTIVO 13

O QUE QUASE NINGUÉM SABE SOBRE VOCÊ?

CONTE AQUI!

(A GENTE PROMETE NÃO CONTAR PARA NINGUÉM).

MOTIVO 14

ROTINA DA MANOELA

Eu confesso: sou bastante mal-humorada na hora de acordar, então minha mãe me acorda com o Gueguelzinho, afinal, como não melhorar o humor com aquela fofura toda? Depois disso, minha rotina é provavelmente bastante parecida com a sua: escovo os dentes e prendo o cabelo em um coque para lavar o rosto – e acordar de vez! Eu costumo fazer a lição de casa assim que volto da escola, à noite, mas, se não terminei tudo, faço nesse momento, logo depois de acordar e tomar café da manhã.

Depois de fazer o dever, aproveito o tempo livre para ficar nas redes sociais ou jogar – e durante esse período, é claro que meu companheirinho Gueguel fica junto, brincando. É bom porque nós ficamos juntos e a minha mãe pode aproveitar e fazer alguma outra coisa enquanto eu cuido dele. Eu também costumo usar esse horário para olhar as coisas relacionadas ao canal – eu sempre leio TODOS os comentários e fico superfeliz com o carinho deixado pelos seguidores.

Depois desse tempinho livre eu tomo banho e me preparo para a melhor parte do dia: o almoço! Todo mundo já sabe que eu amo comer, né? E para acompanhar, só bebo água. Amo água! Após a refeição eu escovo os dentes e termino de me arrumar: às vezes faço algum penteado bem simples, só para deixar o cabelo no lugar, e passo um pouco de maquiagem, mas sempre bem levinha – e nem é todos os dias, só de vez em quando. Nesses dias em que passo maquiagem o Gueguel fica ali do meu lado brincando com os pincéis. E então é hora de ir para a escola!

Na escola, minha matéria preferida é História! Tenho facilidade no assunto, o que ajuda muito. A menos preferida é Matemática, mas acho que isso já era meio esperado, não é mesmo? Aposto que matemática não é exatamente campeã de títulos de "matéria preferida". Na verdade, quero saber! Quem sabe eu não me surpreendo?

Na volta da escola, onde minha mãe vai me buscar de carro, eu sempre coloco um vídeo pro Gueguel ver – ele adora! Assim que chego em casa, a primeira coisa que faço é tirar o tênis – é incrível como só isso já nos dá uma sensação de alívio, né? E então eu sempre tiro um tempinho pra brincar com o Gueguel enquanto a minha mãe termina a comida. Assim que o jantar fica pronto, eu lavo as mãos e sento à mesa para comer. Depois, tomo banho, troco de roupa e vou relaxar um pouco. Assim como de manhã, eu gosto muito de usar meu tempo livre para jogar e checar minhas redes sociais, e à noite eu também costumo assistir novela, caso esteja passando alguma de que eu goste. Depois de descansar, hora de fazer os deveres das matérias que tive naquele dia e estudar um pouco. Eu já tive o costume de acumular o dever, mas como este ano tenho vários professores e, consequentemente, mais lição, preciso ser mais disciplinada – e nessa questão, como em muitas outras, eu conto com a ajuda da minha mãe, que organiza essa rotina comigo. Nós nos preocupamos muito em não deixar que nada afete meus estudos!

Quando termino de estudar, coloco meu pijama e, às vezes, como mais alguma coisinha. Depois relaxo mais um pouco, escovo meus dentes e vou para a cama. E é claro que eu sempre alterno essas minhas atividades em casa com momentos de fofura com o Gueguel, que está sempre comigo! <3

MOTIVO 15

O QUE VOCÊ MAIS GOSTA OU GOSTAVA DE ESTUDAR?

COMO ISSO MUDOU A SUA VIDA?

MOTIVO 16

ROTINA DO LUAN

Eu mostro muita coisa no canal, mas com certeza tem curiosidades que muita gente não sabe! Por exemplo, você sabia que boa parte da minha casa é decorada em roxo e amarelo, minhas cores preferidas?

Ok, talvez essa não seja a grande revelação que você estava esperando, então vou contar um pouco da minha rotina – isso, sim, eu sei que muita gente tem curiosidade em saber!

Atualmente faço meu próprio horário, pois minha rotina envolve administrar os canais, o que significa gravar e editar muitos vídeos diariamente. É bastante coisa, afinal, são três canais: o da Manu, o Luan Novitt TV e o Vida de Casal. Eu gosto de manter a frequência nos vídeos porque todo mundo pede... na verdade cobra! Eu sempre fico até muito tarde editando os vídeos, então consequentemente acordo tarde também. Fora essa rotina de trabalho tem a vida de casado, claro! E também é sempre importante reservar um tempo só para a gente, né? No meu caso, escolhi fazer natação. É meu momento de exercitar o corpo e relaxar a cabeça. Eu pratico três vezes por semana e acho ótimo, é algo que me faz muito bem. Além disso tudo, não pode faltar meu tempo reservado para cuidar dos cachorros – afinal, eles são de minha responsabilidade! Isso significa que em dias esporádicos eu dou banho e levo para passear –, o que não deixa de ser uma atividade prazerosa.

MOTIVO 17

ESCREVA AQUI

EU ACORDO TODOS OS

DIAS ÀS ______________________________

E NO CAFÉ DA MANHÃ COSTUMO

COMER ______________________________

E BEBER ______________________________

EU PASSO A MAIOR PARTE

DO DIA ______________________________

A SUA ROTINA

EU ALMOÇO COM ____________________

E O QUE MAIS GOSTO DE COMER NO ALMOÇO É ____________________

DE NOITE EU FAÇO ____________________

E TODAS AS NOITES EU ____________________

EU VOU DORMIR ÀS ____________________

MOTIVO 18

LISTE O QUE VOCÊ GOSTA DE FAZER PARA DEIXAR O DIA A DIA MAIS LEGAL E CHEIO DE SORRISOS

MOTIVO 19

SORRISOS A DOIS:

Quem acompanha o canal da Manoela já adora a "Tia Paola", que sempre é vista nas minhas aventuras e nas da Manoela e – assim como toda a família Antelo – já mostrou que não nega fogo na hora das aventuras. Muitos seguidores sempre perguntam como foi que aconteceu a história de amor entre mim e ela.

Nossa história começou lá atrás, há muitos anos, quando eu tinha 11 anos e ela tinha entre 12 e 13. Ela morava em um prédio na esquina atrás da minha casa e na rua dela não tinha muita gente para brincar –na minha época, muuuuito tempo atrás, não existia YouTube e a gente brincava na rua mesmo, viu?

Então a Paola ia para a minha rua brincar com uma galera, umas duas ou três pessoas que ela conhecia. Depois de um tempo, ela passou a conhecer a

VIDA DE CASAL

rua inteira, pois naquela época todo mundo brincava junto, não tinha essa de turminhas separadas. Nós brincávamos de pique-esconde, pique-bandeira, vôlei, futebol... Éramos bem próximos, conversávamos bastante, até que rolou um clima. A Paola foi a segunda menina que eu beijei na vida! Nós tivemos um namoro de adolescente e terminou rápido. Ficamos cinco anos separados, e nesse período nós dois namoramos outras pessoas, mas sempre que nos encontrávamos em alguma festa ou algum lugar acabavam rolando recaídas, rolava um beijinho, mas nunca era sério. Até que, quando eu tinha 18 anos e ela 20, nos reencontramos de vez, a gente ficou sério e deu certo. Noivamos e agora casamos! E eu espero não ter que me perder dela de novo nem por uma semana.

MOTIVO 20

AS CINCO COISAS MAIS LEGAIS DE SER CASADO

1

Sempre ganhar a comidinha na mesa. Eu não sou do tipo que acha que mulher tem que servir o marido, longe disso; a Paola é forte e independente e tem a carreira e os projetos dela. Mas mesmo assim ela faz questão de colocar a comida pra mim na mesa. É uma demonstração de carinho e eu sei que nem todo mundo faz isso.

2

Ter alguém que realmente o apoia na alegria e na tristeza, na saúde e na doença. Ou seja, nas coisas simples ou mais complexas, ter alguém que se preocupa verdadeiramente com você, com quem você pode conversar e em quem pode confiar.

3

Nunca estar sozinho. Você pode compartilhar as coisas boas e as ruins com a sua pessoa preferida no mundo.

4

Ser uma pessoa melhor por causa dela. Parece que a Paola tem um computadorzinho na cabeça, lembra de todos os meus compromissos – que muitas vezes ela mesma marcou por mim, como exames. Ela briga quando eu falto a algum e faz de tudo para que eu me cuide mais. Isso é amor. Para ser sincero, acho que se fosse solteiro já estaria morto.

5

Ter alguém que seja seu equilíbrio: eu gasto, ela segura as pontas. Se não fosse por ela, não teria dinheiro para nada. A Paola é organizada ao extremo, sou seu fã! Eu mesmo não sei como a Paola consegue fazer tudo o que ela faz!

MOTIVO 21

LUAN POR PAOLA

E como todo relacionamento é feito de duas pessoas, a Paola veio invadir uma das páginas do livro para falar do Luan. Como não havia espaço para tudo que ela tem para dizer (para isso você precisa assistir o Vida de Casal!), ela definiu sua alma gêmea em apenas cinco palavras:

SONHADOR
ROMÂNTICO
ALEGRE
COMPANHEIRO
CARINHOSO

MOTIVO 22

DESCREVA AQUI AS CARACTERÍSTICAS QUE VOCÊ ESPERA DO AMOR DA SUA VIDA:

1

2

3

MOTIVO 23

TUDO ACONTECE À MESA

Na minha família todo mundo acha importante se sentar junto para almoçar e jantar. Eu, por exemplo, não gosto de comer na frente da televisão sozinha ou no meu quarto. Sempre quero sentar à mesa da sala com a minha mãe, o Fernando e o Miguel (e se for possível ter junto o Biri, a vó Dolly, a tia Paola...).

Por que é importante sentar com a família à mesa para jantar?

Porque muitas vezes esse é o único momento que temos para compartilhar as novidades, já que hoje todo mundo é bem ocupado e as pessoas trabalham muito. É ter aquele respeito de se unir, carinho de estar junto, tirar um tempo do dia para dedicar para quem é mais importante para você. Nós gostamos de nos encontrar a família inteira pelo menos uma vez por semana, porque dá até para desabafar sobre um problema e todo mundo pensa junto na solução. Fazemos aquele famoso almoço de domingo e pelo menos nesse momento todo mundo se encontra para conversar.

Manoela

MOTIVO 24

DESENHE A MESA DA SUA FAMÍLIA E CADA UM QUE SE SENTA A ELA

Do que cada pessoa mais gosta?

Do que você mais gosta
de falar com cada pessoa?

MOTIVO 25

COMIDAS PREFERIDAS

DO LUAN E DA MANOELA

COMIDAS PREFERIDAS DA MANOELA:

Bife de panela

Yakissoba sem os legumes

Ama frango! De todos os jeitos

McDonalds: o preferido é o Cheddar sem cebola!

Macarrão na panela de pressão

MANOELA NÃO COME DE JEITO NENHUM:

orégano, não gosta de doces, refrigerante.

COMIDAS PREFERIDAS DO LUAN:

- Churrasco
- Massas
- Fanático por hambúrguer
- Frango desfiado com arroz e farofa (mas tem que ser da mãe)

LUAN NÃO COME DE JEITO NENHUM:

- Quer morrer com azeitona (quem acompanha o canal já viu!), camarão, comida japonesa!

MOTIVO 26

NOSSA RECEITA PREFERIDA

A receita que todo mundo ama na nossa família é o macarrão na panela de pressão. Você faz tudo em uma panela só e é uma delíííícia.

Faça você também – e fica um aviso para as crianças: não faça nada na cozinha sem chamar um adulto antes!

MACARRÃO NA PANELA DE PRESSÃO

INGREDIENTES (porção para 5 pessoas)

Preparo: 15 min
Cozimento: 4 min

600 g de carne moída
2 colheres (sopa) de azeite
3 dentes de alho amassados
1 cebola bem picada (se gostarem)
1 lata de molho de tomate refogado
1 lata de creme de leite
500 ml de água
500 g de macarrão parafuso, gravata ou penne
300 g de muçarela
Sal a gosto
Queijo parmesão para polvilhar

MODO DE PREPARO

1. Em uma panela de pressão, refogue o alho e a cebola no azeite.

2. Adicione a carne moída e deixe refogar mexendo até que fique dourada.

3. Acrescente o molho de tomate, o creme de leite, a água e o macarrão e aumente o fogo para alto.

4. Tampe a panela e espere apitar. Diminua o fogo para médio-baixo quando a panela começar a apitar e conte 4 minutos.

5. Retire a pressão da panela e passe o macarrão da panela para a travessa.

6. Cubra com a muçarela e leve ao forno por 5 minutos.

MOTIVO 27

QUAL É A RECEITA PREFERIDA DA SUA FAMÍLIA, QUE TODO MUNDO AMA DE PAIXÃO?

Registre aqui!

MOTIVO 28

COLE UMA FOTO OU FAÇA UM DESENHO DA MESA DA SUA FAMÍLIA.

QUANDO TODO MUNDO SE REÚNE, QUEM SENTA ONDE? O QUE COSTUMA TER PARA COMER?

MOTIVO 29

AMIGOS QUE

Você já deve ter percebido que sou apaixonado por cachorros! Eu acredito que toda criança deveria crescer com animais de estimação para aprender a cuidar e ter carinho por eles. Para todos os pais que têm condições para isso, eu aconselho a ter animais de estimação. Eles nos dão uma lição de amor que ajuda na criação e no desenvolvimento da criança, além de ensinar a dividir e a ter responsabilidade, a dar carinho e amar outro ser vivo. Eu cresci com sete poodles em casa! E eu amava todos eles. Hoje tenho os poodles Kiko e Theo e também os labradores Sarah e Bruce. Eles são presença constante nos canais, todo mundo adora meus cães! Os fã-clubes fazem memes com os cachorros, eu morro de rir! O Bruce e a Sarah têm até conta no Instagram, o @labravitts. Eles viraram verdadeiras estrelas!

NÃO FALAM

Tem uma história muito engraçada sobre o Bruce. Uma vez eu saí para comprar um refrigerante para a minha mãe num posto de gasolina, supertarde da noite. Eu estava todo relaxado, não ia encontrar ninguém na rua mesmo... Fui com o Bruce e, chegando lá, ele ficou amarrado do lado de fora. Lá de dentro da loja, ouvi um menininho falando para o pai dele: "Olha, pai, é o Bruce!". Ele estava muito empolgado, reconheceu meu cachorro! Eu saí e fui me explicar para o cara, pai do menino... Imagine minha cara, a situação: eu sem camisa, todo tatuado, roupa relaxadona, o que o cara ia pensar? Como é que o filho dele conhecia o meu cachorro? De onde? Expliquei sobre o canal, mostrei vídeo no meu celular... Agora é bem engraçado de contar, mas na hora fiquei sem saber onde colocar a cara. Pra você ver, né? O Bruce também é famoso! E o Kikiquinho está sempre deitado no meu pé durante as longas horas de edição. Ele é meu companheiro, minha sombra, está sempre comigo.

Luan

MOTIVO 30

O QUE A MANOELA MAIS GOSTA DE FAZER?

Existem muitas coisas que eu gosto de fazer nas minhas horas vagas! É muito bom ocupar nosso tempo com coisas que nos fazem bem. Eu gosto muito de brincar com o Miguel, passear no shopping – é um dos meus passeios preferidos! –, ir para a praia, nadar na piscina... aliás, brincar na água é comigo mesma! Eu também gosto muito de gravar, é um passatempo para mim, algo divertido de fazer. Nada de obrigação! E, além disso, é claro, eu gosto muito de ver vídeos no YouTube. Eu acompanho os youtubers mirins que considero meus amigos e também algumas de que sou fã: Raka Minelli, Taciele Alcolea e Flávia Calina. Adoro os vídeos delas!

MOTIVO 31

O QUE O LUAN MAIS GOSTA DE FAZER?

Eu sou viciado em tecnologia! Para mim, ela serve muito mais do que só para o trabalho – passo boa parte do meu tempo livre entretido no computador e na TV; sempre tem mil possibilidades de coisas para fazer. Eu gosto muito de jogos: de futebol, de aventura, de corrida, GTA. Eu também assisto a muitos vídeos no YouTube. As minhas séries preferidas no Netflix são: *How I Met Yout Mother* e *Breaking Bad*. Também adoro assistir *Chapolin* e *Chaves*! Sou fã do Roberto Bolaños, tenho até tatuagem do Chapolin no braço!

MOTIVO 32

Olha, como você viu, gravar é uma das minhas coisas preferidas de fazer, mas tem dia que estamos meio desanimados, sim! Em geral, se não estamos com vontade, simplesmente não fazemos, porque é sempre bom fazer os vídeos de coração, com muita vontade. Mas, se fizemos uma promessa para os seguidores, se tinha um vídeo prometido nós sempre fazemos um esforço e gravamos! Para isso o Biri tem uma técnica que é tiro e queda. Quando estamos desanimados fazemos aquecimentos: vale pular, vale bater palmas, e ele me ensina os aquecimentos vocais que aprendeu como músico. Quando chega no segundo exercício já fizemos tanta careta que estamos animados até demais, e o vídeo fica ótimo!

Manoela

ÀS VEZES NÃO DÁ VONTADE DE GRAVAR?

E você, o que às vezes te deixa desanimado ?????

MOTIVO 33

Agora vire a página e pense no que faz você feliz. Você verá que para cada coisa que te desanima existem muitas outras que te fazem sorrir.

MOTIVO 34

IDIOTICES COM BIBI

SORRISOS QUE VIRAM GARGALHADAS

Você provavelmente me conheceu como o "tio Bibi" em um dos vídeos de Idiotices com o Bibi. Esse foi um dos nossos quadros mais amados e eu vou contar a você como fazíamos esses vídeos. Lá vai o segredo.

A gente ligava a câmera e começava a falar qualquer coisa. Qualquer coisa mesmo.

Eu juro! As idiotices eram sem roteiro, e é bem difícil fazer um vídeo sobre o nada, então ligávamos a câmera já naquele espírito da bobeira. Falávamos sobre a primeira coisa que viesse à cabeça, pegávamos o que estivesse por perto – já usamos máscara de mergulho, a Manoela já jogou um pote de gel inteiro na minha cabeça, ficávamos doidos mesmo e até hoje os seguidores pedem novos vídeos.

E por que não temos mais idiotices?

Os próprios seguidores começaram a achar meio repetitivo! O público começou a ficar mais exigente e pedir coisas diferentes! Isso é uma mudança saudável e que veio dos próprios seguidores, a quem sempre escutamos muito. Mas nada impede de recomeçarmos – é só a ideia certa chegar...

Luan

MOTIVO 35

SORRISOS NOS BASTIDORES

Não tem jeito: alguns vídeos nos marcam mais que outros. Nós fizemos uma lista de cinco vídeos que mais gostamos de gravar – e contamos os motivos para você com exclusividade.

1. Idiotices com Bibi #17 (Especial Halloween)
Nesse dia estávamos muito animados para gravar, porém sem ideia. Geralmente pedimos sugestões para nossa família, e foi aí que a vó Dolly e a minha mãe sugeriram que gravássemos algum especial de Halloween, pois estávamos no final do mês de outubro. Nós corremos para fazer a maquiagem de terror, colocar uma roupa preta e incorporar os personagens. O vídeo você pode assistir no canal (provavelmente já deve ter assistido), mas o que você não sabe é que em alguns momentos estávamos tão entrosados nos personagens que até sentimos medo de verdade! Realmente entramos de cabeça na história.

2. Desafio Explode Balão! (Com surpresa no final)

O balão desse vídeo foi tão bem arrumado com o milagre da edição que ninguém deve ter percebido que ele estava esvaziando sozinho. Só percebemos no decorrer do vídeo! Foi aí que tivemos que dar um intervalo na partida, retirar a bexiga, substituir por outra e deixá-la exatamente do mesmo tamanho da anterior. E quando a bexiga estourou, todos levaram um baita susto de verdade! Foi um dos vídeos mais legais que gravamos. Nós nos divertimos demais!

3. Receita de biscoito... QUE DEU ERRADO

Tinha tudo para a receita dar certo e o biscoito ficar delicioso. Mas sabe como é, nem tudo sai como planejado. Quando o biscoito foi para o forno, ficamos de olho e vimos que tinha ficado horrível! Pensamos até em não postar o vídeo e gravar novamente com a receita dando certo, mas no fim concluímos que os seguidores iam rir tanto quanto nós e decidimos dar mais um motivo pra todos sorrirem.

4. Idiotices com Bibi #19

Você deve se lembrar de que nesse vídeo teve um "rapzinho" e ainda inventamos de passar Hipoglós® no rosto inteiro. O que vocês não sabem é que quando fui tentar tirar a pomada do meu rosto, acabou entrando no meu olho e ardeu bastante e ficou irritado! Então, não recomendo que façam isso em casa... O que valeu foi a intenção de arrancar risadas de vocês.

5. Colega VS Amiga

Esse vídeo foi muito legal e engraçado de gravar. Ainda mais que o Biri colocou aquela peruca loira. Mas uma coisa não tão engraçada aconteceu que vocês não sabem. No momento em que gravamos a cena da "amiga" caindo, o Biri se machucou de verdade, mas eu não tinha percebido e continuamos a gravar normalmente. Ainda bem que não foi nada mais grave, só arranhou o dedão.

MOTIVO 36

LOOK DO

DIA!

INDIANA
55

INDIANA
55

MOTIVO 37

O QUE É ESTILO

Eu gosto muito de moda, mas não acho que a moda está na marca da roupa ou do sapato. É você achar que ficou linda, que vale até uma selfie daquele look do dia!

Gosto muito de sapatilhas e de fazer look de shortinho com blusinha, para mim no dia a dia e no calor do Rio de Janeiro é a melhor coisa e eu me sinto muito bonita. Quando é uma data especial, ou para sair à noite, sempre gosto de usar um vestidinho. Acho que meu estilo em geral é bem "menininha", gosto de coisas delicadas, apesar de não abrir mão de conforto. Só detesto mesmo estampas de oncinha. Em mim simplesmente não ficam bem.

Eu adoro ver looks do dia de inspiração, mas o que eu gosto mesmo é de fazer meu próprio estilo. Eu penso muuuuito em fazer moda quando tiver que escolher uma faculdade, porque adoro criar meus looks, adoro pesquisar coisas novas e novos jeitos de combinar os estilos. Acho que cada pessoa é um criador dos próprios looks.

PARA A MANOELA?

MOTIVO 38

O QUE É ESTILO PARA O LUAN?

Eu sou muito descontraído, e acho que isso é uma coisa que passa por todas as áreas da vida, inclusive aparece nas roupas! Adoro usar tênis de cano alto, e curto muito as camisetas de basquete coloridas. Sou viciaaado em tênis e bonés, tenho muitos e ainda posso ter mais. A Manoela sempre fica de olho nas coisas que eu compro, que escolho, porque ela fala que sou muito estiloso! Acho que um cara que ama fazer música e humor não tem como ser de outro jeito, sou todo tatuado, só poderia gostar de umas coisas mais descontraídas mesmo.

MOTIVO 39

O QUE VOCÊ MAIS GOSTA DE VESTIR? QUAL É SUA MARCA REGISTRADA?

Conte para a gente!

MOTIVO 40

MIGA, SUA LOUCA!

Você também paga mico? Olha, vou te contar que a gente paga cada mico que é de chorar de rir, ou de vergonha, pode escolher! Mas o bom mesmo é rir das nossas próprias idiotices, das coisas que dão errado. Para mim e para a Manu, se puder dar risada, já está valendo, é o que importa na vida. Aqui vão duas histórias para você rir até chorar.

Luan

O maior mico da Manoela

Uma vez eu estava andando no shopping e, ao me aproximar de uma vitrine, bati com tudo, de cabeça. O pior é que não foi leve! A vitrine tremeu, fez um barulhão e o shopping todo parou para olhar. Eu fiquei tonta, quase desmaiei e a vendedora precisou buscar gelo para mim. Além de mico, foi dolorido!

O maior mico do Luan

Uma vez, numa festa de 15 anos, todos estavam se juntando para cantar os parabéns. Eu encostei na mesa e tudo desabou! Derrubei vários copos de vidro, desarrumei tudo. A festa inteira parou para me encarar. Sabe quando você e todas as outras pessoas sabem que você fez besteira? Pois é.

MOTIVO 41

CONTA PRA NÓS SEU PIOR MICO!

MOTIVO 42

O QUE VOCÊ MAIS GOSTA DE FAZER QUANDO ESTÁ ENTRE AMIGOS?

INDIANA
55

MOTIVO 43

GRANDES ÍDOLOS DA MANOELA E DO LUAN

Ser fã é muito gostoso, nós temos alguém para servir de exemplo e nos inspirar. Muitas vezes aprendemos com a vida de alguma pessoa famosa, nos enxergamos neles e eles nos inspiram mesmo sem nos conhecermos pessoalmente. É curioso saber que nós mesmos somos inspiração para muitos seguidores.

Manoela e Luan

MANOELA

Sou fã do Luan Santana. Não sou alucinada, mas gosto muito de ouvir as músicas dele e gostaria de ir a um show algum dia. Também gosto de ouvir pop, funk, sertanejo... Ouço Taylor Swift, Demi Lovato, Anitta, Marcos e Bellutti, Wesley Safadão. Gosto daquilo que me faz sentir aquela alegria que só a música é capaz de dar!

LUAN

Na música, gosto de cantores de hip-hop como o Usher. Também ouço Justin Timberlake, Michael Jackson. Outros ídolos são os atores e comediantes Jim Carrey e Roberto Bolaños; como amo fazer humor eles são ótimas referências – me matam de rir com criatividade e muito talento.

MOTIVO 44

QUEM SÃO SEUS ÍDOLOS?

MEU NOME:

~~~~~~~~~~~~~~~~~~~~~~~~~~~~

~~~~~~~~~~~~~~~~~~~~~~~~~~~~

ÍDOLO QUE EU ADORO:

~~~~~~~~~~~~~~~~~~~~~~~~~~~~

~~~~~~~~~~~~~~~~~~~~~~~~~~~~

O QUE ELE TEM DE MAIS LEGAL:

~~~~~~~~~~~~~~~~~~~~~~~~~~~~

~~~~~~~~~~~~~~~~~~~~~~~~~~~~

~~~~~~~~~~~~~~~~~~~~~~~~~~~~
~~~~~~~~~~~~~~~~~~~~~~~~~~~~

MOTIVO 45

VIAJAR E

QUAL FOI A MELHOR VIAGEM?

Quando fui para o Hot Park em Caldas Novas (Goiás). Foi uma viagem com os youtubers mirins e meus amigos estavam todos lá: o Felipe Calixto e os irmãos Santina - Carol, Rick e Sophia. A gente se divertia o dia inteiro e fazíamos tudo juntos! A água das piscinas era quentinha naturalmente e o resort era incrível. Ficou marcada como a viagem da minha vida, porque foram tantos momentos felizes.

Outra viagem que me marcou foi para o Beach Park em Fortaleza, que amei! Fiquei encantada com a paisagem, tudo parecia de cinema, sem contar que eu estava com a minha amiga Julia Silva. Mesmo assim, lá eu curti um pouco menos, porque tive uma infecção no ouvido e precisei ficar descansando.

Manoela

O Beach Park foi incrível! Assim como a Manoela, fiquei completamente apaixonado pelas paisagens de Fortaleza. E não posso deixar de falar da minha lua de mel em Penedo com a Paola, assim como outra viagem que fiz com ela – para Angra, quando namorávamos, junto com amigos. Foram dias de muita diversão com todos eles.

Luan

VIAJAR

MAS SEMPRE EXISTE UMA ROUBADA...

Quem nunca perdeu o voo? Não encontrou o hotel? Chegou para ficar uma semana na praia e viu que não tinha roupa de banho? Coisas que dão errado em viagens muitas vezes se tornam as nossas melhores histórias.

Uma vez eu e a minha mãe fomos para São Paulo para gravar um vídeo promocional. A gravação durou muito mais que o esperado e perdemos o voo de volta! Chegamos faltando cinco minutos para o portão fechar. Minha mãe estava grávida do Miguel e corria e corria com aquele barrigão no meio do aeroporto. No final pegamos um voo mais tarde, e não pousamos no aeroporto do Galeão, onde o carro estava nos esperando! Parecia que o dia não ia acabar nunca e a confusão só se resolveu bem tarde da noite.

Mas repitam comigo: Não existe "dar errado", existe "ter história para contar" – e rir até chorar!

Manoela

MOTIVO 46

MIGUÉLICES

Se tem alguém que me faz sorrir e ilumina a minha vida é o Miguel. Quem acompanha o canal conhece esse bebê que é só alegria.

Meu maior sonho era ter um irmão, um menino para ser meu parceiro como o Biri é da minha mãe. E no meu aniversário de 9 anos eu pedi um irmão de presente. Alguns meses depois, o Miguel veio! Eu sempre pedi por ele e isso me mostrou muito sobre como não podemos desistir dos nossos sonhos, mesmo que eles não aconteçam imediatamente, eles ainda são nossos.

E o Miguel não apenas chegou, como chegou lindo, fofo e muito esperto! Ele chega a ser o bebê malfalado da família de tão arteiro que é, porque para onde vai só quer saber de farra, mas ninguém resiste ao sorriso dele.

Eu morro de rir quando ele deixa alguma coisa cair e fica olhando para mim para ver se vou brigar. Qualquer besteira que ele faz de propósito, olha para mim e fica lá esperando a reação. Espertinho!

Outro momento inesquecível foi quando ele começou a me chamar de Manoela. Ele virava para mim e gritava "Éééé", mas hoje ele quase não faz mais isso.

E agora faz pouco tempo que ele aprendeu a dançar, e ver isso é a coisa mais gostosa do mundo! Eu quero muito acompanhar cada fase dele, e fazer o Miguel perceber que pode sempre contar comigo.

Manoela

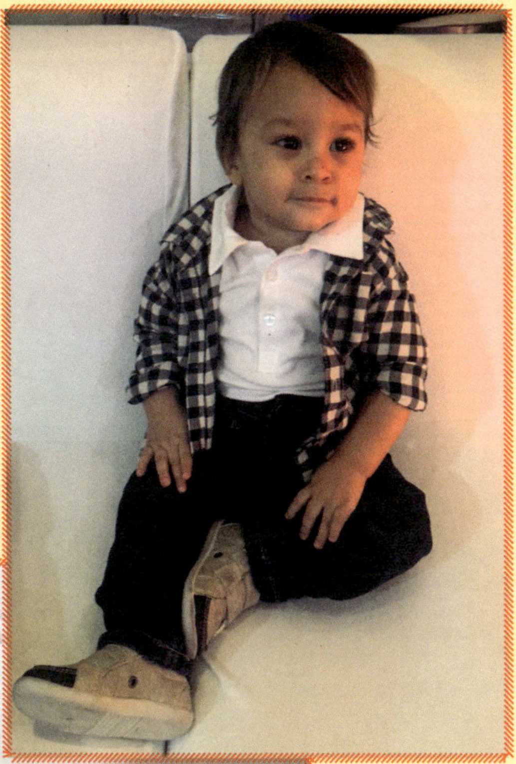

MOTIVO 47

MÚSICA É A MELHOR COISA QUE EXISTE!

Eu venho de uma família de músicos – meu pai era percussionista e minha mãe cantora, meu irmão mais velho é baterista e a Vênus toca violão. Essa veia artística é de sangue! Acho até que seria impossível eu não ter no mínimo um pé na música. Desde que me lembro, sempre quis ser artista. E agora tem a Manoela, que é meu espelho, minha pequena gêmea. Quando eu era adolescente, tive um grupo cover de 'N Sync com uns amigos. Depois que ele acabou, passei a fazer *street dance* – até já me apresentei em troca de salgadinhos e refrigerantes!

Depois disso, passei a cantar e fiz amigos que tinham uma banda de pop rock. Entrei para essa banda e virei o vocalista aos 19 anos! Eu me apresentei com eles até os 21 anos, quando alguns integrantes saíram da banda. Mesmo depois de a banda ter acabado, continuávamos a nos encontrar para tocar violão juntos. Era uma época muito boa. Eu ainda produzo música, mas é por hobby. Eu inclusive escrevo algumas... estou criando vááárias para o meu canal, podem esperar!

Luan

MOTIVO 48

MÚSICA DA MANOELA

Eu criei a música "Menina que sorri com o olhar" para o aniversário de 9 anos da Manu. Eu queria fazer um vídeo de homenagem para ela, mas só tinha uma madrugada para editar. Encontrei uma música instrumental e fiz super-rápido, afinal, conheço a Manu desde que ela nasceu. Coloquei na letra todas as coisas de que mais gosto nela – e olha que não são poucas! Só um vídeo ficou pouco para colocar tudo. Vou sempre aumentar a idade da Manu no primeiro verso para poder continuar cantando essa música para ela. A recepção no canal também foi muito boa, todo mundo curtiu, comentou, até eu fiquei emocionado de ver algo que eu mesmo fiz cair no gosto das pessoas. A reação da Manu eu nem preciso falar, né? Amou!

Luan

MOTIVO 49

MENINA QUE SORRI COM O OLHAR

Há nove anos atrás
Nascia a chuquinha
Aquele bebê lindo
Que nos trouxe alegria
Sempre muito esperta e sorridente,
Ainda me lembro
Quando nasceu o seu primeiro dente
Sempre tão risonha e rapidinho aprendeu a falar
Desde o começo eu já sabia que ela ia brilhar
Agora canto esse rap só para te dizer
Que sempre fui apaixonado por você
VEM

(Refrão 2x)
A Manu, menina que sorri com o olhar
A Manu, menina que te faz apaixonar
A Manu, menina que ama sonhar
A Manu, que dá apelido pro apelido
A Manu, que faz sempre tudo ficar divertido
A Manu, que acha o azul-marinho bonito

Oi gente, tudo bom com vocês?
Pois é, esse é o seu cumprimento toda vez
Toda vez que vai o quê?
Eu te respondo "na moral"
Toda vez que vai gravar vídeo pro seu canal
A galera sempre gosta e pede mais fazer o quê?
É melhor te assistir, do que assistir TV
Pode até parecer música de titio babão
Mas pra falar a verdade, é isso mesmo meu irmão
Já aprenderam?

(Refrão 4x)
A Manu, menina que sorri com o olhar
A Manu, menina que te faz apaixonar
A Manu, menina que ama sonhar
A Manu, que dá apelido pro apelido
A Manu, que faz sempre tudo ficar divertido
A Manu, que acha o azul-marinho bonito

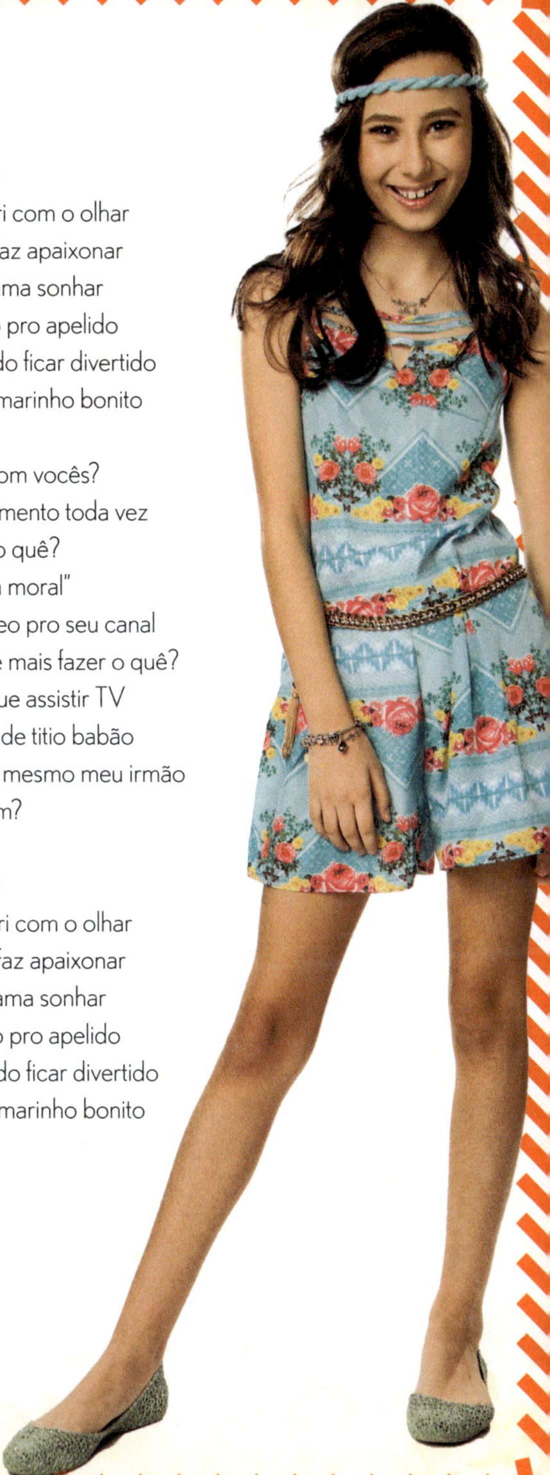

Motivo 50

Sorriso de

Mensagem do Luan para a Manoela

Sei que você ainda tem muito tempo para continuar brilhando, e saiba que sempre estarei ao seu lado e vou ajudar você no que eu puder para que possa ser cada dia mais feliz, mais bem-sucedida e melhor. Sempre estarei aqui para ajudar, desde dirigir e filmar seus vídeos, até te dar motivos para sorrir e fazer as coisas com muito amor. E te proteger do que eu puder te proteger na vida.

Eu sei que você vai crescer, que a cada dia você fica mais moça e mais madura. E sempre vou te proteger dos engraçadinhos que daqui a pouco vão estar a fim de você, te rodeando e paquerando.

Te amo muito! Conte sempre comigo! Eu tenho certeza de que você ainda vai muito longe!

ATÉ MAIS

MENSAGEM DA MANOELA PARA O LUAN

Biri, você sempre será o meu melhor amigo, para quem eu posso contar todos os meus segredos e eu pedirei conselhos quando estiver com algum problema. Você sempre esteve e sempre estará presente nos momentos mais importantes da minha vida – tanto nos bons quanto nos ruins. Você é, sem dúvida, uma das pessoas que mais me dá motivos para sorrir. Na verdade, de gargalhar! Só de olhar para você já me dá vontade de rir, de tanto que gosto das suas palhaçadas e me divirto com elas. E quando tem que falar sério você também é o melhor a me aconselhar. Espero que a gente continue sendo muito mais que tio e sobrinha – nós somos amigos e parceiros para a vida toda. Te amo infinitamente!

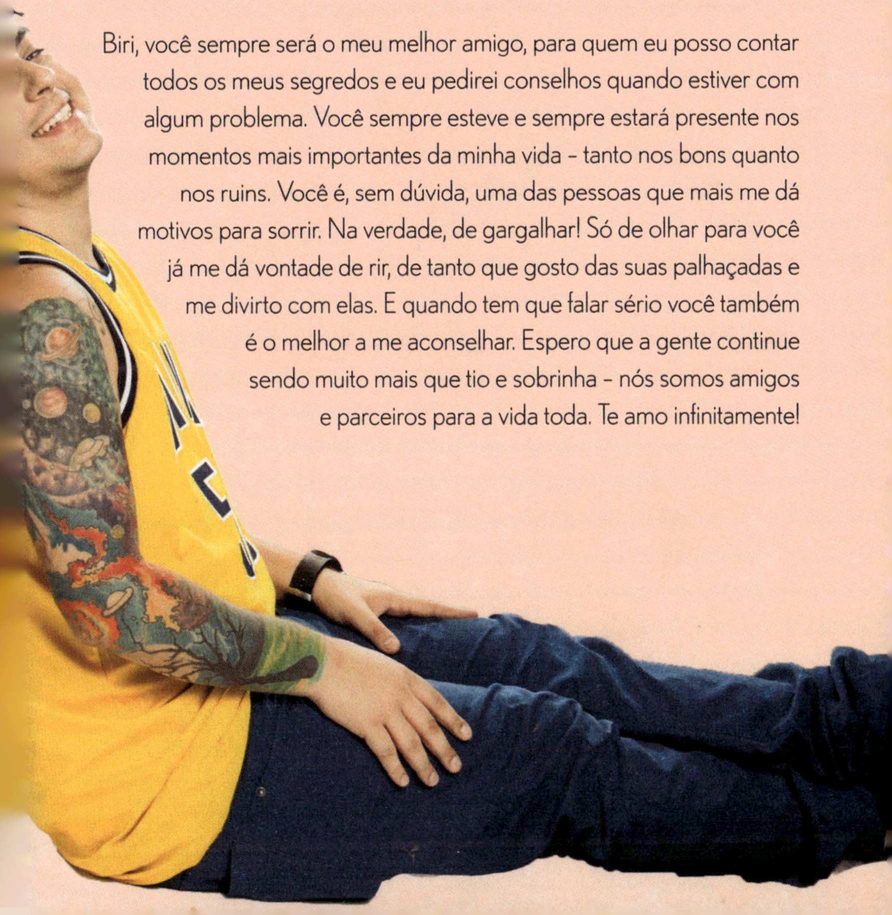

ATÉ A PRÓXIMA!